MW00627929

Un Toque
de Su
Sabiduría

Un Toque de Su Sabiduría

MEDITACIONES BASADAS EN EL LIBRO DE
PROVERBIOS CON FOTOS ORIGINALES DE

CHARLES STANLEY

THOMAS NELSON
Since 1798

© 1995 EDITORIAL CARIBE
P.O. Box 141000
Nashville, TN 37214-1000

Título en inglés: *A Touch of His Wisdom*
© 1992 by *Charles Stanley*
Publicado por Thomas Nelson Publishing

ISBN: 0-88113-297-7

Traductores: *Edwin y Elizabeth Morris*

Impreso en EE. UU.
Printed in U.S.A.

E-mail: caribe@editorialcaribe.com

www.caribebetania.com

13a Impresión

Contenido

Fotografías

Introducción

Cuando me enfrento a decisiones o desafíos difíciles, me hago esta pregunta: «¿Qué será lo más sabio?»

Estoy asombrado de cuán a menudo recurro al libro de Proverbios, donde descubro muchos principios de Dios para vivir y hacer decisiones sabias.

Un toque de Su sabiduría es una colección de versos de cada uno de estos treinta y un capítulos de Proverbios que me han ayudado personalmente a conocer y entender los caminos de Dios.

La sabiduría es ganar la perspectiva de Dios en la vida y aplicarla a circunstancias particulares. Los Proverbios revelan claramente el punto de vista divino de muchos de los asuntos más actuales, moralidad, matrimonio, paternidad, trabajo, relaciones, finanzas, por citar algunos ejemplos.

Cuando busco y aplico la sabiduría de Dios, experimento el éxito de Dios en lugar de mi fracaso. Su orden y paz reemplazan mi confusión, y aprendo a confiar en su fidelidad en lugar de sucumbir a mis temores y preocupaciones.

Me alegra mucho que Dios no esté renuente a darnos su consejo. En efecto, Él dijo que si nos falta sabiduría, confiadamente podemos pedir que nos dé entendimiento y Él nos dará su oportuna respuesta (Santiago 1.5-6).

Es mi oración que cada uno de estos capítulos de *Un toque de Su sabiduría* revelen algunas facetas del carácter de Dios y formas de ayudarte en tu diario caminar cristiano.

Oro con el apóstol Pablo que Dios te llene «del conocimiento de su voluntad en toda sabiduría e inteligencia espiritual» (Colosenses 1.9).

El hombre sabio honrará a Dios mediante sanas decisiones bíblicas y experimentará las inapreciables bendiciones de la obediencia a Dios.

Nada es comparable al conocimiento y obediencia de la sabiduría de Dios. Esta «ganancia es mejor que la ganancia de la plata, y sus frutos más que el oro fino» (Proverbios 3.14).

Un Toque de Su Sabiduría

El principio de la sabiduría es el temor de Jehová.
Proverbios 1.7

El fundamento de la sabiduría

Sabiduría es saber y hacer lo que es recto. No es simplemente tener conocimientos, sino hacer buen uso de ese conocimiento. Uno puede poseer vastos conocimientos y sin embargo ser necio. La verdadera sabiduría comienza con el conocimiento y la reverencia a Dios según se reveló a través de su hijo Jesucristo. Este es el fundamento sobre el cual se edifica una vida que valientemente resiste las tormentas inevitables de las críticas, el dolor, la pérdida, la tentación y el éxito.

Las Escrituras son la sabiduría de Dios. Nos enseñan quién es Él y nos revelan cómo actúa y piensa. Nos enseñan a distinguir entre el bien y el mal, y nos dan una guía clara para la vida cotidiana. Su Palabra es consejo del cielo para la vida en la tierra, que revela el corazón omnisciente del Padre, para ayudarnos a caminar victoriosamente en todas nuestras empresas.

Cuando la Palabra de Dios se aprende y aplica continuamente, se unen con firmeza los cabos sueltos de nuestra vida, nuestro trabajo, familia, relaciones, sueños, pensamientos, palabras, hechos, en la fuerte estructura de la sabiduría divina.

El punto de partida para destilar la sabiduría de Dios en la vida cotidiana es una profunda reverencia y honor hacia Él. El «temor de Jehová» implica un sincero repudio y arrepentimiento de cada pecado (Proverbios 8.13), combinado con un temor reverente genuino y creciente de su carácter, atributos y persona (Éxodo 15.11). El que teme a Dios huye de la maldad, busca lo bueno, cultiva su alma para recibir la semilla de la Palabra de Dios.

No podemos conocer y honrar a Dios sin antes reconocer nuestro pecado, recibir el perdón de Cristo y establecer una nueva relación con el Padre mediante la fe en la obra de Cristo en la cruz. Nuestro conocimiento se desarrolla a medida que dependemos del poder del Espíritu Santo para que este nos imparta el sentir de Cristo en cada circunstancia.

Cada día puede traer una nueva apreciación del carácter maravilloso y los atributos de Dios, su santidad, justicia, misericordia, gracia, amor y consuelo. Mientras más lo adoramos, amamos y obedecemos, más experimentamos las bendiciones de su sabiduría.

Reverenciar sinceramente a Dios es la herramienta sobrenatural que incrusta las Escrituras en las profundidades de nuestro corazón, penetrando el ser íntimo con la sabiduría eterna y perfecta del carpintero de Nazaret.

El temor del Señor es el fundamento de una vida que se edifica con sabiduría. Es el primer paso hacia una nueva aventura para conocer y seguir a Jesucristo.

Señor, agradezco que seas quien eres y lo que has hecho por mí. Cada día necesito tu sabiduría. Une las piezas de mi vida con una nueva apreciación de tu Palabra y renueva mi compromiso a la obediencia. Sé que temerte no quiere decir tenerte miedo, sino respetar y reverenciar tu glorioso nombre. Prometiste que me darías el discernimiento que necesito mientras aumenta mi reverencia hacia ti. Me entusiasma edificar mi vida sobre la sabiduría de tu Palabra.

Piedra de toque

*La vida que se edifica
sobre la sabiduría de Dios
perdura para siempre.*

Tu mente obtendrá sabiduría y probarás
la dulzura del saber.

(*Proverbios 2.10,* Dios habla hoy)

Pide y busca

Dios quiere que seamos sabios. Nosotros también anhelamos tener más sabiduría y comprensión. Pero, ¿cómo recibimos y crecemos en el discernimiento y el conocimiento? Reconocemos que Dios es la fuente de toda sabiduría: «Porque Jehová da la sabiduría, y de su boca viene el conocimiento y la inteligencia» (Proverbios 2.6).

Si sumáramos todas las instituciones educacionales del mundo, los libros de todas las bibliotecas de cada nación y todas las mentes de los más sagaces intelectuales de cada profesión, el resultado sería sólo un milímetro de inteligencia en comparación a la mente insondable del Dios omnisciente, creador, sustentador y consumador de toda la creación. Una vez que lo conocemos mediante la fe en Cristo, su sabiduría intachable se hace accesible para aconsejar, guiar, corregir y darnos entendimiento en cada circunstancia, problema o necesidad.

Todo lo que necesitamos hacer para aprovecharnos de su sabiduría es pedir. «Y si alguno de vosotros tiene falta de sabiduría, pídala a Dios, el cual da a todos abundantemente y sin reproche, y le será dada» (Santiago 1.5).

Parece ser demasiado sencillo, ¿verdad? Sin embargo, debemos recordar que podemos conocer a Dios y sus caminos, sólo cuando Él elija revelarse y darnos entendimiento mediante su Palabra y su Espíritu. Es un asunto de gracia, y pedir es la puerta para recibir la plenitud de su gracia.

Note cuán abundante y pródigamente da Dios. No escatima su sabiduría por motivo de nuestro comportamiento pasado. Comprende nuestra debilidad y total dependencia de Él para que seamos fructíferos, consistentes y maduros. Su mano se desborda con bondades amorosas, que concede sin medidas ni límites.

Salomón se convirtió en el Rey de Israel cuando murió su padre David. Aunque Salomón tenía una educación extraordinaria y las ventajas del hijo de un gobernante, sabía que le faltaba la sabiduría necesaria para gobernar la nación de Israel.

Una noche el Señor se le apareció en sueños a Salomón y le hizo esta asombrosa oferta: «Pide lo que quieras que yo te dé» (1 Reyes 3.5) La respuesta de Salomón fue rápida: «Da, pues, a tu siervo corazón entendido para juzgar a tu pueblo, y para discernir entre lo bueno y lo malo» (v. 9).

¿Es este el grito de tu corazón? ¿O prefieres ganar riquezas, poder, prestigio, belleza antes que la sabiduría de Dios?

Si quieres sabiduría, mira sólo a Dios. Pídele confiadamente, disfrutando de antemano su respuesta. Él está dispuesto a darte su sabiduría, como lo hizo con Salomón.

La sabiduría debe ser nuestro interés principal y está allí para los que la piden.

Dios, cuán desesperadamente necesito tu sabiduría y cuán agradecido estoy de que seas el único y sabio Dios. Gracias porque tú impartes tu verdad con liberalidad. Dame de tu sabiduría y confío que tendré precisamente el discernimiento y la información que necesito para cumplir tu voluntad. Gracias por perdonar mis pecados para poder recibir tu sabiduría por fe y gracia. He cometido muchos errores, pero mi esperanza es cometer menos errores a medida que aprendo más de ti y aplico tu sabiduría en mis quehaceres cotidianos.

Piedra de toque

*La sabiduría es
para los que la piden.*

Fíate de Jehová de todo tu corazón, y no te apoyes en tu propia prudencia. Reconócelo en todos tus caminos, y Él enderezará tus veredas.

(Proverbios 3.5-6)

Confía y obedece

Cuando era un jovencito, Proverbios 3.5-6 se convirtió en mi brújula espiritual. Cada vez que enfrentaba una decisión difícil, volvía a este pasaje buscando seguridad. Dios grabó en mi corazón esta simple pero profunda verdad. Sigue siendo una señal a través del camino de la vida, siempre indicándome la base de todas las decisiones: cree y obedece a Dios. Es una combinación eterna que siempre te hace ganador. ¿Por qué? Porque Dios es confiable. Es seguro. Obra soberanamente disponiéndolo todo para su gloria y nuestro bienestar.

Su sabiduría se le da a los que le buscan, descansan y confían en Él. Mientras más dependemos de nuestro Padre para recibir sus instrucciones, fuerza, esperanza y guía, más abundantemente Él nos confiere su divina sabiduría.

No podemos recibir sabiduría de Dios sin tener una relación con Él. Dios no está interesado en enseñar sus caminos a los que no desean agradarle ni seguirle. Él anhela, sin embargo, enseñar a los que sean valientes y crean en sus promesas y cumplan sus mandamientos.

Confiar en el Señor significa poner nuestras presentes y futuras circunstancias en sus manos, confiando en sus habilidades para orquestar personas y hechos y lograr su voluntad. Esta confianza incondicional trae gozo, paz y satisfacción. Depositar por completo el peso de nuestras emociones y voluntad en la fidelidad de Dios es lo que activa sus promesas.

Sin embargo, hay una traba. Primero debemos reconocer nuestra insuficiencia: «Y no te apoyes en tu propia prudencia». Esa era la actitud de Salomón cuando confesó: «Yo soy joven y no sé cómo entrar ni salir» (1 Reyes 3.7).

Aquí es donde muchos cristianos flaquean. Podemos hacer bien muchas cosas sin que al parecer necesitemos la sabiduría de Dios. Podemos arreglar cosas, inventar máquinas, programas de computadoras, caminar en el bosque y hacer otra multitud de actividades con muy poco sentido de la participación de Dios.

Pero aún así Dios nos ha creado para trabajar en un mundo que formó con sus propias manos. Nuestra vida, hasta nuestro aliento, está en sus manos; nuestra mente y cuerpo son su regalo. Su sabiduría se demuestra en todo, hasta cuando faltamos en reconocerle.

Dios te ha dado talentos y habilidades. Sin embargo, se desarrollarán al máximo por toda la eternidad cuando confíes en que Él ha de dirigirlos y usarlos para sus planes. La pregunta es, ¿te apoyarás en tu propia prudencia o dependerás de Dios?

La decisión sabia es obvia cuando entendemos que Dios sabe el fin desde el principio y lo sostiene todo en el medio. Creer en Él es la decisión más sabia que podemos tomar. Depender en nuestro débil discernimiento nos limita a una existencia estrecha, finita y restringida por circunstancias y experiencias que no podemos controlar. Confiar en la sabiduría de Dios agrega una dimensión sobrenatural que nada en esta tierra iguala.

Padre, no permitas que olvide mi insuficiencia ni tu suficiencia. Continúa asegurándome que confiar en ti no es señal de debilidad, sino de sabiduría. Quiero siempre recordar que obedecerte no es sólo correcto, sino que es siempre una decisión sabia, una decisión que siempre trae los más ricos galardones.

Piedra de toque

*Creer en Dios es la decisión
más sabia que puedes hacer.*

Sobre toda cosa guardada, guarda tu cora-
zón; porque de él mana la vida.

Proverbios 4.23

Mana la vida

Una pequeña aldea descubrió el plan del enemigo para envenenar el agua. Aunque varios pequeños riachuelos pasaban por la aldea, los líderes estacionaron a los guardias en un solo local, en un laguito solitario de donde fluían las fuentes de agua. La táctica funcionó a la perfección. A la puesta del sol los guardias agarraron a los que iban a hacer el sabotaje cuando éstos se acercaban al laguito.

Satanás tiene una estrategia similar. Hace sus sabotajes más dañinos en el área de más influencia en nuestro comportamiento, el corazón. En el vocabulario de la Biblia el corazón representa el centro de la personalidad, alma, mente, voluntad y emoción.

El corazón es el centro de control y mando de nuestra vida. Cuando recibimos la sabiduría de Dios y la cultivamos mediante la obra interior del Espíritu Santo, nuestra vida refleja la presencia e influencia de Jesucristo. Al grado que ignoremos el maná del corazón, nuestras acciones pueden verse contaminadas por nuestro adversario, el diablo, que daña nuestras relaciones, destruye nuestro regocijo y diluye nuestro testimonio.

Guardamos nuestros corazones de la contaminación amarga del pecado cuando atesoramos la Palabra de Dios en nuestros corazones (Salmo 119.9-11). Mientras más estudiamos, meditamos y practicamos los preceptos de Dios, más seguro está el santuario íntimo de nuestro corazón. La Palabra de Dios nos limpia, corrige, exhorta y anima, filtrando motivaciones impuras y plantando las semilla de las Escrituras en lo más íntimo de nuestro ser.

También podemos proteger el maná del alma si ejercitamos la oración constantemente. Jesús instruyó a sus discípulos que velaran y oraran para que no cayeran en tentación (Mateo 26.41). La oración es el compañerismo consciente y dependiente de Jesucristo. Cuando oramos con fervor y humildad reconociendo nuestra debilidad y el poder de Dios, estamos alertas al engaño del diablo y pronto volvemos al Padre para recibir su fiel ayuda.

Un autoexamen saludable y periódico también sirve de protección. Bajo la dirección del Espíritu Santo pedimos que Dios nos evalúe cerniendo cualquier pecado voluntario o área de desobediencia camuflageada. «Ten cuidado de ti y de la doctrina» Pablo insta a Timoteo (1 Timoteo 4.16); y este es un buen consejo para nosotros también. A medida que el Espíritu de Dios nos convence de pecado o revela un área de rebelión sutil, nos arrepentimos y recibimos un nuevo ungimiento y protección de Dios.

Los asuntos de la vida. Lo esencial fluye del corazón determinando la dirección e impacto de nuestras vidas. Guarda tu corazón con ahínco y el maná del espíritu Santo sobreabundará en todo lo que haces, dices o piensas.

Querido padre, quiero que establezcas tu verdad en lo más íntimo de mi ser. A veces me dejo distraer y estorbar tan fácilmente por las circunstancias externas que dejo de cultivar una devoción genuina a ti. Obra por medio de tu espíritu para quitar cualquier falso camino y enséñame a guardar mi corazón a través de tu presencia en mi ser. Controla mis pensamientos y motivaciones para conformarme a tu voluntad.

Piedra de toque

Guarda tu corazón
y guardarás tu vida.

Porque los caminos del hombre están ante los ojos de Jehová, y Él considera todas sus veredas.

(Proverbios 5.21)

Nuestro Dios que verdaderamente ve

Cuando Agar estaba embarazada fue excluida del campamento de Abraham debido a los celos de Sara. Agar se encontró abandonada al lado del camino. Y allí Dios le salió al encuentro con gracia y amor, prometiéndole que la ayudaría. Agradecida exclamó: «Tú eres Dios que ve» (Génesis 16.13). Le adjudicó un nuevo nombre a Dios: El Roi, que significa «el Dios que verdaderamente ve».

El Dios nuestro que todo lo conoce y que es sabio, es también el Dios que todo lo ve. Su presencia permea todo lo que hacemos. Vivimos, nos movemos y tenemos todos nuestro ser en Él. Caminamos ante Él todos los días, nuestros corazones están abiertos ante Él. Ve nuestro dolor, desánimo, confusión, descorazonamientos y luchas. Y al vernos viene a rescatarnos con una gracia admirable.

Cuando comprendemos que cada detalle de nuestra vida está descubierto ante nuestro Padre celestial y que estamos bajo su cuidado completamente suficiente, debemos sentir profundo respeto y adoración. Exclamamos con David: «Oh Jehová, tú me has examinado y conocido. Tú has conocido mi sentarme y mi levantarme; has entendido desde lejos mis pensamientos. Has escudriñado mi andar y mi reposo, y todos mis caminos te son conocidos. Pues aún no está la palabra en mi lengua, y he aquí, oh Jehová, tú la sabes toda. Tal conocimiento es demasiado maravilloso para mí; alto es, no lo puedo comprender» (Salmos 139.1-4,6).

Dios ve tu vida desde el principio hasta el fin. Enumeró tus días y ordenó tus pasos mientras estabas en el seno de tu madre. Al ver tu condición apremiante debido al pecado mandó a su Hijo para salvarte de la muerte y destrucción eterna.

El conocimiento total de Dios de nuestros caminos debe animarnos a vivir obediente y sinceramente ante Él. Es inútil tratar de esconder tus verdaderos sentimientos y acciones. Aun cuando pecas, estás en la presencia de Dios. No hay un hecho o pensamiento, ambición e indiscreción que se esconda de su vista. «Y no hay cosa creada que no sea manifiesta en su presencia; antes bien todas las cosas están desnudas y abiertas a los ojos de aquel a quien tenemos que dar cuenta» (Hebreos 4.13). Aun nuestros más íntimos secretos están expuestos a la mirada penetrante de Dios. En lugar de asustarnos, esto nos debe motivar a querer agradar a nuestro Padre, que nos trata no de acuerdo a nuestros hechos sino de acuerdo a su misericordia y la gracia de Jesucristo.

Nuestra relación con Él debe ser transparente sabiendo que aún nuestros peores pecados no nos pueden separar de su infalible amor. Nuestras relaciones con los demás deben estar basadas en integridad y sinceridad mientras tratamos de evitar cualquier forma de hipocresía.

El Dios que ve es el que nos vela desde antes de nuestro nacimiento hasta la muerte. En todo está con nosotros y por nosotros, nunca condenándonos sino amándonos.

Señor, sé que para ti toda mi vida es un libro abierto. Cuán necio soy cuando trato de esconderte algo. Quiero agradarte privada y públicamente, vivir en sincera honestidad y obediencia total. Gracias porque hoy ves mis circunstancias y estás trabajando en ellas para demostrar tu formidable poder y maravilloso consejo.

Piedra de toque

*Nada puede separarte
del amor perfecto de Dios.*

¿Tomará el hombre fuego en su seno sin que sus vestidos ardan? ¿Andará el hombre sobre brasas sin que sus pies se quemen?

Proverbios 6.27-28

¿Verdad o consecuencias?

L a sabiduría es la manera piadosa de lograr éxito y activar las bendiciones de Dios cuando hacemos su obra como Él quiere.

Las decisiones que se basan en los principios intachables de las Escrituras resistirán las pruebas del tiempo y las críticas. La conducta motivada por la amante obediencia a las ordenanzas de Dios producirá un carácter sólido y perdurable, no afectado por las circunstancias caprichosas ni una moralidad variable.

Tan seguro como que la obediencia a la sabiduría de Dios trae bendiciones, la desobediencia y rebelión aseguran a la larga el caos y el desorden. Cuando la Biblia dice que «la paga del pecado es muerte» (Romanos 6.23), no sólo declara la penalidad devastadora del pecado, sino también ilustra un principio del decreto divino: El pecado siempre trae consecuencias negativas.

No podemos actuar contrario a la verdad reveladora de Dios y esperar su favor y ayuda. El apóstol Pablo lo expresó así: «No os engañéis; Dios no puede ser burlado: pues todo lo que el hombre sembrare, eso también segará» (Gálatas 6.7).

La necedad, la antítesis de la sabiduría bíblica, nos hará cosechar lo que sembramos, más de lo que sembramos, más tarde de lo que sembramos. No cumplir con las verdades de la Palabra de Dios es un asunto serio y sombrío.

Cada hecho pecaminoso es una semilla de insubordinación contra la autoridad de Dios, plantada en la tierra de la rebeldía, que trae una cosecha amarga. No podemos escapar de las consecuencias del pecado. No podemos descuidar la sabiduría de Dios y disfrutar sus bendiciones.

Aunque aparentemente logremos evitar las consecuencias de la desobediencia, un día rendiremos cuentas de nuestras acciones ante el Juez de toda la humanidad. La justicia se aplicará justamente, resultando en la pérdida de galardón para el creyente y la pérdida eterna de la relación de Dios para el no creyente.

Dios usa las consecuencias para enseñarnos el valor de la sabiduría. Los resultados de nuestros errores nos enseñan que la obediencia a Dios es mucho más placentera y galardonadora que descuidar o aprovecharnos de su verdad. Plantar semillas de sabiduría puede ser difícil al principio, pero la cosecha vale la pena.

La persona sabia vive de acuerdo a la palabra de Dios porque conoce las inmensurables riquezas de las bendiciones de Dios. La desobediencia del necio se agrava con las consecuencias rigurosas y amargas de sus acciones.

No te quemes con las consecuencias del pecado. Sé sabio y disfruta las bendiciones de la sumisión a la voluntad del Padre.

Señor, escojo ser sabio obedeciéndote. Nada se compara a las bendiciones que se reciben cuando te sigo. Conozco el peligro de las consecuencias del pecado. Gracias por tu gracia para ayudarme a comenzar de nuevo cada mañana y por tu espíritu que me capacita para hacer una elección correcta.

Piedra de toque

Antes de sembrar,
piensa en la cosecha
que tendrás.

Al punto se marchó tras ella, como va el buey al degolladero, y como el necio a las prisiones para ser castigado.

(Proverbios 7.22)

Corre la carrera

Cuando los soldados entran en la batalla, deben ser muy cuidadosos de pisar sólo el terreno que ha sido barrido de minas. Un paso mal dado en territorio minado puede tener consecuencias mortíferas.

Nuestro astuto enemigo, el diablo, opera en forma similar, escondiendo y camuflageando sus verdaderas intensiones al poner trampas dañinas de tentación y engaño. La sabiduría humana no es una buena contrincante frente a su astucia y destreza.

La mejor forma de evitar las trampas es quedarse en el camino de la justicia, andando de frente en la voluntad y a la manera de Dios.

El autor de Hebreos llamó a esto: «la carrera que tenemos por delante» (Hebreos 12.1). Mientras más nos apoyemos en Cristo y el curso que nos ha marcado, menos posibilidades tendremos de caer en las trampas de Satanás.

Pero, ¿cómo vamos a mantener el curso? De nuevo el autor de Hebreos nos da la clave: «Puestos los ojos en Jesús, el autor y consumador de la fe» (Hebreos 12.2).

Como un jugador con la mirada fija en la meta, el creyente tiene que desviar la mirada de todo lo que pueda distraerlo de su relación personal con Jesucristo. Hay muchas tentaciones en el camino. Materialismo. Éxito. Sensualidad. Mientras más atención les prestemos, más atractivas parecerán. Ceder, sin embargo, es dar nuestra lealtad a algo que no es el señorío de Cristo.

La defensa más eficiente es la mirada fija del corazón en la majestad y esplendor de Jesucristo. Cuando descubrimos quién es en verdad, y meditamos en sus atributos de misericordia, gracia, amor, santidad y divinidad y nos concentramos en su verdadera naturaleza, todo lo demás palidece.

Mantener a Jesús ante nosotros significa pasar tiempo en su Palabra, mantener una vida fresca y apasionada de oración y constantemente obedecer los principios y verdad que aprendemos. Lo más importante es una fe inquebrantable en Cristo y sus promesas.

Acerca de la persona que ama al Señor el salmista escribió: «No tendrá temor de malas noticias; su corazón está firme, confiado en Jehová. Asegurado está su corazón; no temerá, hasta que vea en sus enemigos su deseo (Salmos 112.7-8).

Jesús es fiel. Él empieza y termina tu caminar en la fe a medida que confías en Él. No hay tentación de la que Él no te pueda librar. No hay maldad de la cual no pueda salvarte. No hay obstáculo que no pueda vencer para ayudarte.

Dios nunca te abandonará. Te librará del mal manteniéndote en el camino de la justicia por amor a su nombre, con su poder, para su gloria.

Señor, reconozco que con mis fuerzas no soy capaz de detectar ni evitar las trampas sutiles de Satanás. Necesito que me ayudes a «correr la carrera» que tienes diseñada para mi vida. Prepárame y guíame para no desviarme ni distraerme de tu voluntad. Gracias por levantarme nuevamente luego de caer.

Piedra de toque

*Manténte mirando a Jesús
y no las circunstancias.*

Recibid mi enseñanza, y no plata; y ciencia antes que el oro escogido.

Proverbios 8.10

Ir contra la corriente

La sabiduría de Dios se tiene que elegir deliberadamente. Nunca llegamos a tenerla por casualidad. Tenemos que tomar una decisión consciente de buscar y recibir el consejo y la instrucción divina: «Por tanto, es necesario que con más diligencia atendamos a las cosas que hemos oído, no sea que nos deslicemos» (Hebreos 2.1).

El río Misisipí fluye a través de centenares de millas por el corazón de norteamérica, y corre hacia el final al sur de Louisiana, para derramar su último suspiro en el Golfo de México. A todo lo largo del río, sus bancos tienen escombros y maderas a la deriva que se vieron atrapados en una enorme corriente y tirados a un lado a lo largo del serpentino viaje.

A menos que tomemos una decisión definitiva de correr tras la sabiduría, quizás también nos veamos atrapados por las corrientes de nuestra era. Son las mareas rápidas de los placeres humanos y las atracciones que pueden cautivar a cualquier creyente que no esté completamente comprometido con Jesús como Salvador, Señor y Vida.

Sus caminos y pensamientos no son los nuestros (Isaías 55.8). Debemos pensar y actuar contra la corriente del pensamiento del mundo. Dios dice que hay que dar para recibir; el mundo dice retén todo lo que puedas. Dios dice que se triunfa sirviendo; la definición del éxito que da el mundo es la superación continua. Dios dice que debemos amar a nuestros enemigos; el mundo nos aconseja buscar la venganza.

La elección de la sabiduría de Dios comienza con reconocer su valor: «Porque mejor es la sabiduría que las piedras preciosas; y todo cuanto se puede desear, no es de compararse con ella» (Proverbios 8.11). La sabiduría de Dios es inapreciable, no tiene par. Su valor es incalculable. Todas las riquezas del universo son como la mano de un pordiosero en comparación al valor de la sabiduría de Dios.

Una vez que percibimos el valor de la sabiduría de Dios, aprendemos su aplicación ilimitada. Toca todas las vidas, impartiendo una perspectiva sobrenatural en todo lo que hacemos y decimos. Su sabiduría obra dondequiera, en cualquier momento, en cualquier situación. La cosecha de paz, compromiso, gozo y bendiciones es muy superior al dinero, las posesiones y los rangos.

Nuestra tarea es oír y obedecer: «Bienaventurado el hombre que me escucha, velando a mis puertas cada día, aguardando a los postes de mis puertas» (Proverbios 8.34). Elige la sabiduría de Dios. No caigas en las trampas del mundo. Atrévete a confiar en la instrucción de Cristo, cultivando diligentemente y apropiándote del consejo de Dios.

Atiende a lo que dice el Padre. Estímale sobre todo, y tu vida producirá el fruto inconfundible e inapreciable de la sabiduría divina.

Señor, vivir contra la corriente del mundo es difícil. Quiero tu sabiduría, pero a veces parece que estoy enredado en demasiadas corrientes de esta cultura. Decido hoy buscar y seguir tus caminos. Hago esta decisión rogándote que me impartas tu sabiduría y me enseñes tus caminos. Elijo escucharte diariamente para disfrutar los beneficios de la sabiduría divina.

Piedra de toque

*Jamás nos deslizamos
hacia la sabiduría.*

Da al sabio, y será más sabio; enseña al justo, y aumentará su saber.

Proverbios 9.9

El aula de la sabiduría

La escuela nunca termina para los verdaderos santos. Anhelan con incesante fervor aprender de Cristo y conocer más íntimamente al Cristo en quien se esconden todos los tesoros de la sabiduría y el conocimiento. La sabiduría no se reduce a una fórmula. Es una relación correcta con Cristo que nos da un contexto bíblico para tomar decisiones sabias en cada fase de la vida. Sin embargo, hay un principio sagrado que constituye la ecuación eterna para recibir y aplicar la sabiduría de Dios: El nivel de sabiduría que Dios nos ofrece está en proporción directa con nuestro espíritu de humildad.

Una persona sabia no es orgullosa. El orgullo y la vanidad son como veneno para el espíritu de la sabiduría. Quien piense ser sabio está descalificado en la clase de Dios, donde la sabiduría se imparte al contrito de espíritu y humilde de corazón.

El cristianismo es una experiencia siempre en desarrollo, una relación con el Salvador que se profundiza. Como un discípulo de Cristo Jesús, literalmente un aprendiz, estamos siempre en condición de aprender. El apóstol Pablo ejemplificó el espíritu de sabiduría cuando dijo: «No que lo haya alcanzado ya, ni que ya sea perfecto; sino que prosigo, por ver si logro asir aquello para lo cual fui también asido por Cristo Jesús» (Filipenses 3.12).

Como creyentes nunca debemos emplear tiempo en el altiplano de los logros pasados o presentes. Tenemos que entender que jamás podemos sondear las profundidades de las sabiduría de Dios ni agotar su provisión ilimitada. Constantemente debemos avanzar para conocer a Dios (Oseas 6.3), siempre aprendiendo, siempre sentados a los pies del Maestro, siempre sobrecogidos por la gloria y la gracia de Dios.

El aprendiz sabio entiende que depende totalmente de que Dios le revele la verdad. Uno no llega a conocer y tener comunión íntima con Cristo aparte del benevolente ministerio del Espíritu Santo que guía, corrige, instruye y exhorta. El aprendiz sabio se cuida de sólo darle crédito a Dios «porque no osaría hablar sino de lo que Cristo ha hecho por medio de mí» (Romanos 15.18).

El discípulo de Cristo aprende y madura a través de la disciplina y castigo de Cristo. No pone mala cara ni hace puchero cuando lo reprenden, sino que comprende que el camino hacia la sabiduría divina es la completa aceptación de las correcciones de Dios y el perdón de todos sus errores. Los errores no son callejones sin salida, sino lecciones valiosas para destilar la verdad del error.

¿Eres un aprendiz? ¿Tienes hambre y sed de justicia? ¿O has aceptado una vida mediocre, satisfecho con un conocimiento superficial de Cristo? La sabiduría se imparte al alumno entusiasta, al espíritu manso, a la mente que sondea, al corazón abierto, al alma arrepentida. Tal persona ora: «Muéstrame, oh Jehová, tus caminos; enséñame tus sendas» (Salmos 25.4).

¿Quieres venir a Cristo y aprender de Él?

Padre, reconozco que soy un alumno de tu clase divina. Pon en mi corazón sed de conocerte a ti y a tus caminos. Entonces seré sabio.

Piedra de toque

*No te des de baja
de la escuela de la sabiduría.*

En las muchas palabras no falta pecado; mas el que refrena sus labios es prudente.

Proverbios 10.19

Trabalenguas

Durante la Segunda Guerra Mundial, el gobierno de Gran Bretaña estaba preocupado por la infiltración de espías enemigos y los riesgos que representaba para la seguridad del estado. Para minimizar el peligro, los oficiales del gobierno colocaron por toda la nación grandes cartelones con este aviso: *Hablar descuidadamente cuesta vidas.* El uso apropiado de la lengua es el fruto de la sabiduría. Hablar descuidadamente —los chismes, las insinuaciones, las calumnias, las críticas— hiere personas, quiebra relaciones personales, genera hostilidades y amarguras, y crea discordias que por generaciones pueden hacer daño.

Santiago se refirió a la lengua como un instrumento que determina el curso de nuestras vidas haciendo nuestro camino liso o áspero, según se use. Es un timón espiritual y emocional que nos lleva a un mar de conflictos o de bendiciones (Santiago 3.3-8).

Cuando se usa como un instrumento de justicia de acuerdo a las intenciones de Dios, la lengua es una «fuente de vida» (Proverbios 10.11) que refresca el alma desanimada. Es como «plata escogida» (versículo 20), una posesión inapreciable para la vida tranquila, gozosa. «Los labios del justo apacientan a muchos» (v. 21) al instruir a otros con la verdad sólida de la Palabra de Dios. «La boca del justo producirá sabiduría» (v. 31), al dar la respuesta correcta en el momento correcto.

La lengua del hombre sabio cura, enseña, bendice, motiva, consuela y promueve piedad. ¿No es esto lo que todos deseamos, aunque es tan difícil de lograr?

Hablar palabras de sabiduría comienza con una transformación profunda del pensamiento. Una persona habla de los tesoros de su corazón. Nuestras palabras no son sino la expresión de lo más privado del corazón. David dijo: «Sean gratos los dichos de mi boca y la meditación de mi corazón delante de ti, oh Jehová, roca mía, y redentor mío» (Salmos 19.14).

Pídele al Espíritu Santo que produzca en ti los frutos del hablar divino cultivando el terreno de tu corazón con su bondad. Estimar a otros como más importante que uno mismo y reconocer que cuando uno habla despreciando a otros lo que desprecia es la querida y especial creación de Dios.

Promete no hablar mal de una persona que no esté presente. Hay mucho discurso fuera de lugar en las discusiones sobre una tercera persona cuando sólo dos están reunidos. Permite que Dios dome tu hablar aquietando tu lengua: «En las muchas palabras no falta pecado; mas el que refrena sus labios es prudente» (Proverbios 10.19). Refrena las ganas de siempre dar expresión a tu opinión.

Dios puede usar tu hablar para alabarle y edificar a otros, dejando atrás una cosecha de justicia que trae frutos en la vida de muchas personas. Permite que Dios guarde tus labios al cernir lo que fluye a tu mente y filtrar lo que sale por la pureza de su Espíritu Santo. Te asombrará la diferencia que una lengua sabia puede hacer.

Señor, debo reconocer que ha sido difícil controlar mi lengua. Es más, no puedo. Si tú no obras en mi corazón transformando mis pensamientos, mis palabras revelarán lo vergonzoso del pecado. Límpiame de mi injusticia. Enséñame a aminorar mi volumen de palabras mientras tú me limpias e implantas tu sabiduría en mi corazón. Quiero bendecir a otros con mi lengua, pero no herirlos. Haz de mi boca un instrumento de justicia a través del poder del Espíritu Santo, que reside en mi corazón, fuente de lo que hablo.

Piedra de toque

Controla tu lengua,
o tu lengua te controlará.

El alma generosa será prosperada; y el que saciare, él también será saciado.

Proverbios 11.25

Da, que no te dolerá

El apóstol Pablo dijo que la suma de la sabiduría, la altura, profundidad y anchura de su infinito almacén se encuentra en Cristo «en quien están escondidos todos los tesoros de la sabiduría y del conocimiento» (Colosenses 2.3). Y Jesús no acapara su sabiduría. Por el contrario la da sin medida. Da su gracia abundantemente. Da su guía libremente. Da su consuelo amorosamente. La última expresión de su dádiva fue en la cruz donde voluntariamente se sacrificó por el hombre: «El que no escatimó ni a su propio Hijo, sino que lo entregó por todos nosotros, ¿cómo no nos dará también con Él todas las cosas?» (Romanos 8.32).

Dar está en la naturaleza de Dios. Todo lo bueno viene de arriba, de su mano abierta y corazón benevolente. Nosotros también, hechos a su imagen, estamos llamados a ser generosos y extender a otros la bondad de Dios.

Podemos adoptar un modo de vida dadivoso porque Dios nos dio primero. Sus divinos recursos están a nuestra disposición a través de la relación que tenemos con Cristo y la presencia del Espíritu Santo.

El primer paso que debemos dar para convertirnos en personas generosas es darle a Dios. Es demostrarle que reconocemos su señorío y nuestra dependencia de Él. Un buen comienzo es dar el diezmo, una décima parte de lo que ganamos. Esto se hace más fácil cuando entendemos que todo lo bueno pertenece a Dios. Devolver una parte de su liberalidad nos debe deleitar. Debemos dar alegre, agradecida y humildemente.

Obedecerle en esto nos permite bendecir a otros según Dios bendice nuestra entrega. Dar, inicia una explosión de la gracia y abundancia divina: «Y poderoso es Dios para hacer que abunde en vosotros toda gracia, a fin de que, teniendo siempre en todas las cosas todo lo suficiente, abundéis para toda buena obra» (2 Corintios 9.8).

La bomba que se ceba cuando uno honra a Dios, que derrama un torrente de las riquezas espirituales de Dios, está a nuestra disposición para ayudar a otros. Podemos dar palabras de aliento al desanimado, porque Él nos anima. Podemos servir a los necesitados emocional y espiritualmente, porque Él también tomó la forma de siervo. Podemos darle amistad al que está solo, porque Él es nuestro Amigo fiel.

Cada acto de dar, en cualquiera de sus formas, es la semilla divina que multiplica nuestro gozo y paz. Nunca ha habido un momento en que Dios no haya honrado a un corazón dadivoso. Esta es una ley espiritual en el Reino de Dios para una vida gozosa y fructífera.

Todo lo que tenemos: salvación, vida eterna y física y sustento diario, viene del Padre de arriba. Él nos hizo a ti y a mí para que pudiéramos recibir su mejor tesoro: una relación con Él hasta la eternidad.

Nuestra gozosa respuesta debe ser imitarle. Da, a Él y a otros, de ti y de tus posesiones. Tu espíritu de generosidad será una fuente de refrigerio sobrenatural para la mujer y hombre sediento y necesitado.

«Dad, y se os dará» (Lucas 6.38).

Padre celestial, casi no puedo entender tu amor. Diste a tu Unigénito por mis pecados, y continúas dándome lo que diariamente necesito. Enséñame a dar de mí a otros de forma que los depósitos de riquezas espirituales fluyan a través de mí. No dejes que sea egoísta. Líbrame de la avaricia de forma que pueda participar en tu gran plan de gracia y dádiva.

Piedra de toque

*Nunca puedes dar más
de lo que Dios da.*

El que ama la instrucción ama la sabiduría; mas el que aborrece la reprensión es ignorante.

Proverbios 12.1

No seas necio

En muy pocas ocasiones la Biblia usa la palabra necio. Cuando lo hace debemos prestar atención. El hombre necio en las Escrituras es el que no recibe corrección. La rechaza y no le hace caso, rehusando su consejo. El orgullo, el ego y la testarudez a menudo son excusas débiles para rehusar la reprensión de la sabiduría.

Sin embargo, la corrección de Dios es una señal notable del gran amor que Dios siente por nosotros. Jesús dijo: «Yo reprendo y castigo a todos los que amo; sé, pues, celoso, y arrepiéntete» (Apocalipsis 3.19).

Igual que un padre preocupado, Dios corrige a sus hijos que están descarriados: «Porque el Señor al que ama, disciplina, y azota a todo el que recibe por hijo» (Hebreos 12.6).

¿Cambia todo esto tu punto de vista en cuanto a la amonestación? ¿Ves que lo que a veces es un trato doloroso de Dios hacia ti no es más que una extensión de su paternidad? ¿Entiendes que su reprimenda sólo afirma tu gloriosa posición como hijo de Dios, quien te ama lo suficiente como para colocar su mano disciplinaria en tu vida?

Cuando eras un niño, tu mamá o papá te regañaban con frecuencia. Desafortunadamente, no todas sus reprimendas eran puramente motivadas. Es probable que estuvieran enojados, molestos y hasta que a veces fueran injustos.

Este no es el caso de la disciplina de nuestro Padre Celestial. Sus reprimendas son siempre amorosas, justas y perfectas. Nunca nos reprende con enojo, no busca hacernos daño o despreciarnos. Su corrección es para nuestro bienestar, para nuestro éxito, para nuestra iluminación. Porque lo sabe todo, sabe que nuestro actuar o pensamientos poco sabios nos llevarán a la destrucción; y en su misericordia y gracia interviene regañándonos generosa pero firmemente.

Por lo general, el agente de corrección es su Palabra viviente: «Toda la Escritura es inspirada por Dios, y útil para enseñar, para redargüir, para corregir, para instruir en justicia» (2 Timoteo 3.16). Las Escrituras nos motivan y guían, pero frecuentemente lo hacen señalándonos conceptos erróneos y equivocaciones.

Debemos responder con una inmensa acción de gracias para que a través del ministerio de su Palabra, Dios sea capaz de corregir nuestro curso equivocado. En lugar de frustrarnos, dolernos o combatir cuando Dios nos examina, debemos ser prontos para examinarnos, arrepentirnos y permitir que el Espíritu Santo dirija nuestros pasos en el camino estrecho.

Dios te ama intrañablemente. Desea disciplinarte para que puedas disfrutar de su santidad y de las bendiciones que tiene reservada para los cristianos obedientes. No seas «necio». La vara de Dios te mantiene en sus pastos seguros y te protege de las consecuencias que traen las decisiones necias.

Padre, tengo que confesarte que no me gusta la disciplina. Dame discernimiento para saber cuándo me estás corrigiendo. Ayúdame a no enojarme, sino a aceptar tu corrección como una muestra de tu amor por mi.

Piedra de toque

*La corrección de Dios
siempre nos guía
hacia su amor.*

El que anda con sabios, sabio será; mas el que se junta con necios será quebrantado.

Proverbios 13.20

El factor de la amistad

Mi abuelo tuvo una profunda influencia en mi vida y ministerio. Cuando me sentaba a hablar con él sobre mi caminar con Dios, no sólo se convertía en la piedra angular de mi comprensión y relación con Cristo sino que también fijaba la dirección de mi ministerio, en el que nunca he vacilado. Lo que me causaba tan honda impresión no era lo que me decía sobre Dios sino lo que experimentaba con Dios. Conocer a hombres y mujeres piadosos es un buen instrumento para cultivar la sabiduría de Dios. Los que sienten hambre y sed por Dios y cuyas vidas ejemplifican el fruto del Espíritu Santo tienen mucho que enseñarnos en cuanto a los principios de las Escrituras y el carácter de Dios. No sólo tienen información acerca de Dios; han probado su fidelidad a través de los años.

Si quieres crecer en sabiduría, ora primero que Dios te guíe hasta las personas que Él ha escogido para que sean tus amigos cercanos. A veces creemos saber mejor que nadie cómo establecer amistades cristianas. Pero sólo Dios conoce el corazón y sólo Dios conoce quién está mejor capacitado para ministrar nuestras necesidades y dolores específicos. Él sabe quién nos puede traer el consuelo de Dios, quién puede profundizar nuestra perspectiva sobre sus caminos y qué experiencias personales pueden traer instrucciones y guía útil a nuestras circunstancias.

La madurez espiritual es clave. La sabiduría no se aprende en cuestión de meses, ni siquiera años. Reside en los que han perdurado, han sufrido, han sido sostenidos por Dios en tiempo de dudas, adversidad y oposición. Esto no quiere decir que la edad y la madurez espiritual siempre vayan parejas, pero sí significa que las personas a quien extiendes tu amistad deben tener unas cuantas millas espirituales corridas en sus vidas.

Busca quien te anime. Dios te quiere bendecir y edificar. Esto puede incluir corrección, pero su corrección se ofrece siempre en amor y verdad, no en condenación. Necesitamos ser edificados y fortalecidos en Cristo. Al igual que Cristo, un amigo que nos anime busca nuestro bienestar. No pasa por alto nuestras rarezas, pero nos motiva con las buenas nuevas de la gracia de Dios. Un amigo que nos ayuda a crecer con sabiduría es uno que tiene hambre y sed de Dios. Es un aprendiz. No es un engreído, ni un orgulloso, ni teme admitir sus fracasos, porque aprendemos de los errores al igual que de los éxitos.

Una vez que Dios nos dirija hasta las personas que ha escogido, tenemos que perseverar en nuestras relaciones con ellos. Buscar oportunidades para pasar tiempo con ellos. Habrá toda clase de distracciones, pero tenemos que «caminar con los sabios» si vamos a llegar a ser sabios.

Las amistades ordenadas por Dios son herramientas afiladas para formar la imagen de Cristo en nuestras vidas. No puedes pensar en David sin Jonatán; un Elías sin Eliseo; ni un Pablo sin Timoteo, Bernabé o Silas.

¿Estás aprendiendo de Dios de un creyente sabio? Es una aventura que te transformará y preparará para llevar la verdad de Dios a otros que necesitan confiar en Él y conocerle.

Señor, dame un amigo que me ayude a conocerte mejor, cuyo camino me inspire, me reprenda y me edifique a la imagen de Cristo. Gracias por las personas que ya colocaste en mi vida y por los que me guiarás a conocer en el futuro.

Piedra de toque

*Los amigos de Dios
te ayudarán
a acercarte a Dios.*

El simple todo lo cree; mas el avisado mira bien sus pasos.

Proverbios 14.15

Piénsalo

En muchas ocasiones, antes de hacer una decisión importante, le hago esta pregunta al Señor: ¿Qué será sabio hacer? Aunque en última instancia Dios es quien está encargado de darme la respuesta, cada creyente tiene la responsabilidad de practicar lo que las Escrituras llaman «prudencia». *Prudencia* a menudo se usa como sinónimo de *sabiduría*. El hombre o la mujer prudente tiene la responsabilidad de usar discernimiento espiritual en los asuntos prácticos. La persona prudente puede evitar frustraciones, fracaso y desilusión innecesarias y cosechar las bendiciones de la sabiduría divina.

La prudencia comienza por compilar la información pertinente. Cuando Moisés mandó doce espías a Canáan, quería saber algunos hechos: «cómo es la tierra habitada, si es buena o mala; y cómo son las ciudades habitadas, si son campamentos o plazas fortificadas; y cómo es el terreno, si es fértil o estéril, si en él hay árboles o no» (Números 13.19-20). Aunque Dios le había prometido que traería el pueblo de Israel a Canáan, Moisés tenía la responsabilidad de averiguar, sabiamente, la situación.

El propósito de recopilar la información es examinarla a fondo e investigarla desde la perspectiva de Dios. Debemos cernir los hechos a través de la malla sobrenatural de la oración y la Palabra de Dios. A medida que oramos por ese asunto, usando las Escrituras como una guía, Dios obra para mostrarnos su voluntad y dirección. Los doce hombres trajeron un informe exacto de la condición de la tierra y el pueblo de Canáan, pero diez de ellos no cotejaron los hechos con las promesas de liberación de Dios.

Igual que Josué y Caleb, también nosotros debemos cotejar los hechos con la verdad revelada en la Palabra de Dios. La Palabra de Dios derrama una luz sobrenatural sobre nuestro proceso de tomar decisiones. Josué y Caleb fueron prudentes porque fielmente ejercitaron la tarea de recoger y analizar la información y además confiaron a Dios los resultados.

La persona prudente comprende que sólo Dios sabe el futuro. No siempre vamos a saberlo todo. No podemos predecir el futuro. Sin embargo, podemos confiar cada decisión en la mano soberana de Dios. Josué y Caleb conocían la promesa de Dios de librarles de los gigantes residentes en Canáan, pero tenían que confiar en que Él cumpliría su promesa.

La prudencia es hacer todo lo posible para tomar decisiones responsables y sabias, mientras que al mismo tiempo colocamos nuestra fe en la providencia y fidelidad de Dios. Cuando así hacemos, contamos con la dirección de Dios que anima y edifica nuestra fe.

Padre, casi nunca miro antes de dar el salto. Mis aterrizajes no son muy bonitos. Ayúdame a tomar tiempo para investigar las cosas a fondo antes de tomar decisiones importantes. Déjame saber qué quieres y yo te confiaré los resultados.

Piedra de toque

Siempre pregunta:
¿Qué será lo más sabio en esto?

Jehová está lejos de los impíos; pero Él oye la oración de los justos.

Proverbios 15.29

¿Me oye alguien?

¿Escucha Dios nuestras oraciones? David expresó: «si en mi corazón hubiese yo mirado a la iniquidad, el Señor no me habría escuchado» (Salmo 66.18). Santiago dijo que nuestras oraciones pueden ser poderosas y efectivas, pero deben venir de una persona «justa» (Santiago 5.16).

¿Nos excluye esto? ¿No albergamos todos algún pecado secreto, de una clase u otra, en nuestra alma? Y si el poder de nuestra vida de oración se basara en el grado de nuestra justicia, ¿no nos quedaríamos todos cortos?

Si la respuesta a estas preguntas se basan en nuestros sentimientos o esfuerzos espirituales, tendríamos que pensar que pocas veces Dios escucha nuestras oraciones y que las que por fin alcanzan al Padre, son débiles. Sin embargo, cuando comprendemos las radicales buenas nuevas del evangelio, podemos gozosamente declarar que Dios sí escucha cada palabra, está íntimamente enterado de cada pensamiento nuestro y está ansioso por responder a la más pequeña declaración de nuestro corazón o labios.

He aquí por qué. La cruz de Cristo, punto básico y piedra angular de la eternidad, proporcionó la respuesta divina a los dos dilemas. En el Calvario fueron perdonados nuestros pecados, no sólo los pecados cometidos antes de ser salvos sino todos nuestros pecados pasados, presentes y futuros. Somos un pueblo perdonado. No hay necesidad de culparnos ni condenarnos falsamente. La confesión todavía es esencial para mantener una íntima relación con Cristo, pero tus pecados nunca impedirán que disfrutes tu posición eterna como hijo de Dios perdonado. La cuenta con Dios de tus pecados está borrada por la muerte de Cristo. Tus pecados, todos, los llevó Cristo. Si el Espíritu Santo te convence de un pecado específico, reconoce que has ofendido a Dios, arrepiéntete y sigue adelante.

Mejor aún, Dios no sólo perdonó todos tus pecados en la cruz de Cristo, sino que te atribuyó la justicia de Cristo. Se te quitó el pecado y se te atribuyó la justicia de Dios. Para lograr justicia no hay que trabajar, simplemente se recibe por fe cuando aceptas a Jesús como Salvador. Justicia es un estado en que se tiene la aceptación ilimitada de Dios. Jamás serás más justo que ahora mismo. Lo central de tu identidad en Cristo es que eres completamente justo, santo y sin culpa. Jamás puedes volverte impío ni rechazado debido a tu comportamiento. Si pecas, tal vez Dios te discipline o castigue, pero jamás te quitará de la posición que tienes como hijo justo.

Las oraciones del justo se escuchan y esto es lo que tú eres: Justicia de Dios en Cristo (2 Corintios 5.21). Ora fervientemente. Ora siempre. Los oídos de Dios están siempre abiertos al clamor del justo, y tus pecados fueron a dar a las profundidades del mar.

Gracias Señor porque mi comportamiento no se torna en mi contra. Me alegro de que me hayas hecho justo por toda la eternidad y que siempre estés atento al clamor de mi corazón.

Piedra de toque

Hoy tú eres tan justo en Cristo
como jamás serás.

El entendido en la palabra hallará el bien, y el que confía en Jehová es bienaventurado.

Proverbios 16.20

Confía en Jesús

Un día me puse a observar a un hombre que estaba arreglando los cables en un poste del teléfono fuera de mi casa. A pesar de la altura, trabajaba con aparente facilidad y presteza, descansando todo su peso en un grueso cinturón de piel de seguridad.

Así también es la seguridad en el Señor. Pasamos las rondas del trabajo y el hogar liquidando un surtido de tareas. En la superficie aparentamos trabajar con autosuficiencia, pero reconocemos que nuestro éxito espiritual depende de que el peso emocional y espiritual y la voluntad descansen en nuestro Señor Jesucristo. Él es la fuente de nuestra fuerza y seguridad. Dependemos de Él. Nuestro tiempo está en sus manos.

Es posible confiar en el Señor y descansar en su suficiencia mientras anclamos nuestra confianza en las promesas de Dios. En la vida hay algunos momentos de temores, momentos de dudas, momentos de confusión y ansiedad. Entonces, cuando las circunstancias son menos que favorables, no hay nada que nos consuele o nos estabilice más que buscar en las Escrituras apoyo y dirección. La palabra de Dios es segura. Nunca falla ni una palabra. Ministra a las más profundas necesidades que tengamos y habla a nuestro ser más íntimo. Cuando ponemos nuestra fe en la Palabra de Dios, la aceptamos como su verdad, aunque tengamos sentimientos vacilantes. Simplemente creemos que Dios quiso decir lo que dijo y que cumplirá todas sus promesas.

También descansamos nuestro peso en Cristo cuando confiamos en el carácter de Dios. Podemos confiar en su Palabra porque Él es confiable. Podemos confiar en su ayuda porque Él es fiel. Los atributos de Dios, tales como su santidad, bondad, misericordia, justicia y gracia, son el ancla de nuestra fe en Él. Mientras más le conocemos, más confiamos en Él. Mientras más confiamos en Él, más veremos su mano obrando en medio nuestro. Quizás una de las formas más significativas de confiar completamente en Cristo es adorarle a pesar de las circunstancias. La alabanza grita nuestra fe en Dios. Le exalta y declara que seguiremos mirándole aún cuando las probabilidades parecen estar en nuestra contra. Cuando adoramos a Dios, exaltamos la majestad y grandeza de nuestro Padre. Nos enfocamos en quién es Dios, y esto sirve como un catalítico divino para confiar todavía más en Él. La alabanza aleja el temor y edifica la fe. La persona que confía en el Señor es bendita. Se agarra a las promesas de Dios, deleitándose en su carácter y adorándole en las tinieblas o la luz. Descansa en los brazos sempiternos que jamás fallan ni desamparan.

Señor, te estoy agradecido y confío en ti. Hay días cuando siento que no puedo seguir, pero sé que tú me apoyas con tu mano. Gracias porque jamás me sueltas.

Piedra de toque

Si confías en Jesús,
no resbalarás.

El que cubre la falta busca amistad.

Proverbios 17.9

Un ascenso

Muchos creyentes son muy buenos en contabilidad. Tienen la tendencia de contar las ofensas que los demás les hacen, y mantienen al día un historial emocional de todas sus heridas. La suma desafortunada de dicha tabulación es discordia, ira, amargura y resentimiento.

La sabiduría lidia con los que nos ofenden por medio del amor. La obra reconciliadora de Jesús en la cruz destruyó todo registro de nuestros pecados contra Dios. «Dios estaba en Cristo reconciliando consigo al mundo, no tomándoles en cuenta a los hombres sus pecados» (2 Corintios 5.19). Dios ya no mantiene las cuentas de nuestras ofensas. En su lugar, eligió perdonarnos cuando por fe recibimos el don de su Hijo Jesucristo.

Entonces, ¿quiénes somos para albergar rencores contra los que nos han herido? Si en última instancia Jesús es el ofendido por todos nuestros pecados y los ha cubierto con su amor purificador, ¿cómo no vamos a extender su amor a los demás?

¿Cómo nos ama Dios? Incondicionalmente. Sin amarras. Sin límites. ¿Cómo debemos amar a los demás? De igual forma, de acuerdo al apóstol Pablo. El amor cristiano «no guarda rencor» (1 Corintios 13.5). Cuando decides perdonar las ofensas que otros te han hecho, borras las cuentas de sus ofensas. Es posible que no las olvides, pero como Dios, escoges no guardar una deuda emocional contra quien te ofendió.

¿Cómo extender este amor? Cuando experimentamos el extraordinario y perdonador amor de Dios que llevó a Cristo a morir por nosotros, expresamos el poder sanador de ese amor muriendo al yo. Elegimos morir a nuestros derechos. Decidimos deliberadamente obedecer a Cristo y su Palabra y renunciar a cualquier derecho de venganza. Sólo entonces el amor de Dios puede desatarse por el poder del Espíritu Santo. ¿Es difícil? Claro que sí. ¿Sucede sin ningún sacrificio? Casi nunca. Pero sí hace posible perdonar a los demás como Cristo nos perdonó.

Promover el amor no es natural en nosotros, sin embargo esta es la naturaleza misma de nuestro Dios, que es amor y vida. Cada vez que esparcimos su amor a través de un acto perdonador, extendemos la misma gracia que Él nos ha dado y nos sigue dando. «No devolviendo mal por mal, ni maldición por maldición, sino por el contrario, bendiciendo, sabiendo que fuisteis llamados para que heredaseis bendición» (1 Pedro 3.9). Sé una bendición y hereda la paz, gozo y justicia del reino de Dios impartiendo su amor a los que te hieren.

Señor, decido perdonar a los que me han herido porque tú dices que eso es lo que debo hacer. ¿Cómo puedo negar a otros ese amor con que tú me amas gratuitamente? Déjame siempre tomar la iniciativa de extender tu amor a los demás.

Piedra de toque

Cada vez que perdonas,
escoges liberación en Cristo.

Al que responde palabra antes de oír, le es fatuidad y oprobio.

Proverbios 18.13

Todavía Dios está hablando

Durante cuarenta y siete años he sido un seguidor de Cristo. Una de las lecciones más prácticas, emocionantes y galardonadoras ha sido aprender a escuchar a Dios. Es la clave para conocerlo y andar en su voluntad. Es absolutamente esencial para tener una relación íntima con Cristo, lo cual debe ser la meta de cada creyente.

Cultivar este arte esencial de escuchar es una disciplina vital para desarrollar la sabiduría divina. El práctico Santiago escribió: «todo hombre sea pronto para oír, tardo para hablar, tardo para airarse» (Santiago 1.19). Es obvio que su amonestación está en contra de la tendencia que tenemos de dar libre expresión a todas nuestras opiniones, ya sea que nos la hayan pedido o no, y subraya el deseo de Dios de aumentar nuestra receptividad de Él y otros.

Oír a Dios es crucial para un andar cristiano maduro. Dios aún nos habla porque tiene tantos deseos de comunicarnos su voluntad y amor como los tenía con la gente de los tiempos bíblicos. En primer lugar oímos su voz a través de su Palabra. El Espíritu Santo destaca un versículo o providencialmente arregla las circunstancias para que podamos oír, ver y experimentar la maravilla de su guía y provisión.

Dios también nos habla a través de la sabiduría de otras personas. Él obra en todos sus hijos obedientes que en el momento preciso traen Palabra de Dios de aliento o luz. Cuán importante es entonces que aprendamos a ser oyentes dejando que otros nos hablen. Las Escrituras nos dicen que debemos considerar a otros como mejores que nosotros: «Nada hagáis por contienda o por vanagloria; antes bien con humildad, estimando cada uno a los demás como superiores a él mismo»

(Filipenses 2.3). Esto no se refiere solamente a los creyentes que impresionan, sino a todos los creyentes. Dios puede usar al más bajo de sus hijos, hasta un niño, para comunicarnos su voluntad.

Sin embargo, al que sólo está tratando de dar a conocer sus peticiones le es difícil escuchar a Dios. Debemos estar quietos en nuestro espíritu, con paz en el alma, pidiendo que Dios nos hable claramente a través de su Palabra. No hay nada que se compare a la emoción de saber que Dios ha hablado directamente a nuestras circunstancias en particular. Cuando Él habla mediante su Palabra, nos está dando una expresión de su amor y cuidado en cada detalle de nuestras vidas.

Escuchar cuidadosamente a Dios y a otros creyentes antes de tomar decisiones nos da el beneficio completo de la revelación sobrenatural. Nos coloca en la postura humilde de un aprendiz que sobre todo desea escuchar la voz de Dios. Dios todavía habla. ¿Le escuchas?

Gracias, Padre, porque todavía me hablas a través de tu Palabra, mis circunstancias y otras personas. Necesito escuchar tu voz. Enséñame a estar tranquilo y alerta. Te esperaré y seguiré tu consejo.

Piedra de toque

*Escuchar a Dios
es el camino de la sabiduría.*

El buen juicio hace al hombre paciente.
Proverbios 19.11
New International Version

El momento preciso

Es crucial escoger el momento preciso. Y lo es para el éxito en la guerra, la ciencia, los deportes, los negocios, las relaciones y en casi todas las demás empresas del diario vivir. Pero, ¿sabías que elegir el momento preciso es de igual importancia en tu andar espiritual? ¿Y sabías que Dios requiere tu cooperación oportuna para cumplir el plan que tiene para ti?

Casi invariablemente, descubrir y cooperar con el momento perfectamente oportuno de Dios requiere esperar por Él. Somos criaturas impacientes. Fácilmente nos frustramos, nos irritamos y frecuentemente nos desanimamos cuando encontramos obstáculos que nos estorban o demoran. Pero Dios siempre está a tiempo y nunca tarda. Algunas circunstancias nos estorban, pero si escogemos esperar por su momento, nos disponemos a recibir la máxima bendición de Dios.

Esperar en Dios no es una tarea para irritarnos o aburrirnos. Es una de las actividades más emocionantes en la que un creyente puede participar porque los galardones son completamente increíbles. Enfocar nuestra atención a través de la oración persistente y la meditación en la Palabra de Dios no es una actitud pasiva, sino una expectativa dinámica. Es condicionar deliberadamente la mente, el corazón y la voluntad para conocer y hacer la voluntad del Padre a cualquier costo. Es asunto de rechazar nuestro temor al fracaso, rehusar ceder a las opiniones pocas sabia de otros y persistentemente resistir las ganas de adelantarnos descuidadamente cuando no estamos seguros del plan de Dios.

Perdemos lo mejor de Dios para nuestras vidas cuando neciamente nos empeñamos en seguir nuestro horario en lugar del horario de Dios. El profeta Samuel le pidió a Saúl esperarle en Gilgal durante siete días. Samuel no se presentó y Saúl se sintió forzado a ofrecer, él mismo, el holocausto y así perdió su reino de Israel. Consecuentemente Dios decidió buscar un hombre conforme a su corazón. (1 Samuel 13.12-14). Ese hombre era David, que más que cualquier otro autor de las Escrituras escribió sobre esperar en Dios. David reconoció el plan y el horario de Dios para su vida y rehusó tomar ventaja de dos oportunidades para matar a Saúl. Después que Saúl murió por su propia espada, David fue hecho rey de Judá. Sin embargo, esperó por Dios durante siete años más antes que los hombres de Israel le pidieran que reinara sobre ellos también. Cuando se hizo rey, David confiadamente pudo decir: «Entendió David que Jehová le había confirmado por rey sobre Israel, y que había engrandecido su reino por amor de su pueblo Israel» (2 Samuel 5.12).

Cuando esperamos el momento preciso de Dios, sabemos que Dios nos ha dirigido y bendecido. Probamos de su bondad y gracia. Tenemos el gozo de experimentar el cuidado y la provisión magnífica de Dios. Vemos la respuesta a la oración. Descubrimos su buena y perfecta voluntad. Sabemos que Dios obra a favor nuestro. Ganamos las batallas de la vida esperando confiadamente en Dios, quien logra todas las cosas a favor nuestro. Espera pacientemente en Él, en cada circunstancia, y serás una persona conforme al corazón de Dios. No hay bendición más alta.

Aborrezco adelantarme a ti, Padre. ¡Soy tan impaciente! Enséñame a esperar en ti, sin ser pasivo. Tengo mucho que hacer, pero nada es más importante que esperar tu momento preciso.

Piedra de toque

Dios nunca llega tarde.

De Jehová son los pasos del hombre; ¿cómo, pues, entenderá el hombre su camino?

Proverbios 20.24

En construcción

Recientemente observé con gran interés la construcción de una autopista interestatal. En las primeras fases se construyó una pequeña vía elevada que aparentemente estaba desconectada del resto del proyecto. No había vías para ir o venir por esa vía elevada; sólo era un estrecho de concreto que aparentemente no conducía a ningún lugar. Sin embargo, cuando terminaron el proyecto, aquella vía aparentemente mal colocada probó ser el eslabón vital en una intersección de la autopista de mucho tráfico.

A veces, nuestras vidas parecen ser algo así. No estamos seguros de por qué trabajamos en ese trabajo en particular, vivimos en esa ciudad en particular o asistimos a esa escuela en particular. Simplemente no vemos cómo cabe en el gran esquema de las cosas de Dios.

Es exactamente en ese momento que debemos confiar en la soberanía de Dios. Dios sabe lo que quiere lograr en nuestras vidas. Está consciente de cómo este día, este trabajo o esta relación cabe en su plan bueno y aceptable. Como ves, nuestra sabiduría es limitada. No sabemos qué traerá el día. Sin embargo, la sabiduría de Dios es infinita y transcendental. Él teje cada hilo de nuestra existencia en un plan con propósito, un plan productivo que rinde y tiene ganancias.

Cuando hace muchos años decidí ir a la Primera Iglesia de Atlanta, estaba pastoreando una iglesia que estaba creciendo y desarrollándose y en la cual estaba perfectamente satisfecho. No sabía por qué debía mudarme, pero sabía que Dios me guiaba a hacerlo.

Los primeros años en Atlanta estuvieron llenos de tensiones. Sin embargo, crecimos continuamente y Dios abrió una puerta pequeña en el programa radial *En contacto*. Hoy, estas emisoras se pueden escuchar alrededor del mundo.

Veinte años atrás, jamás hubiera previsto ni las luchas ni los éxitos de este ministerio. Simplemente obedecí a Dios y confié en Él. Y esto es clave para traer orden y significado a lo que aparentemente es caótico y sin sentido en nuestras vidas. De alguna forma, hace unos miles de años, José comprendió aquellos principios. A los 17 años disfrutó de la prosperidad de una familia hebrea prominente, en los siguientes 13 años trabajó como esclavo en el extranjero y pasó tiempo en una cárcel de Egipto. Sin embargo, en cada experiencia, la mano firme y diligente de José le llevó a ganar el favor de Dios. Hacía lo mejor que podía con lo que tenía, hizo lo que sabía que era recto y confió en Dios. A los 17 años de edad no sabía que cuando cumpliera 30 estaría administrando el reino de Egipto.

Cuando confías tu persona y circunstancias al control providencial, Dios *todo* lo usa para tu bien.

No hay situación sin esperanza alguna. No hay problemas que estén más allá de su amor, sabiduría o soberanía. Tal vez no comprendas el estado presente de tu vida. Descansa en su suficiencia y soberanía.

Tengo que confesar, Señor, que he tenido etapas en mi vida que han parecido fútiles. Cuando no lo comprendo, me consuela y me da seguridad saber que tú si tienes un propósito con todo en mi vida. Gracias por tu soberanía.

Piedra de toque

Dios tiene el control.

Como los repartimientos de las aguas, así está el corazón del rey en la mano de Jehová; a todo lo que quiere lo inclina.

Proverbios 21.1

Decisiones grandes y pequeñas

Cuando en la vida encaramos decisiones grandes o pequeñas, siempre me pregunto: «¿Qué requerirá de mí la obediencia a Dios?» Mi elección nunca se debe basar en el posible resultado de mi decisión, sino en cuál es la voluntad de Dios para mí en este momento. Esto me exige colocar en neutral mi voluntad para que Dios pueda moverme en su dirección. También requiere que sea precavido al escuchar las muchas voces de consejos que pueden ser contrarias a su guía. Como todos los demás, tengo la tendencia a dar demasiado énfasis a algunos pedazos de información o palabras de consejos.

Nuestro «corazón» está en las manos de Dios cuando estamos completamente rendidos a Jesucristo como el Señor. Jesús es nuestro Salvador, Señor y vida. Él pide una sumisión total de todo nuestro ser. Rendirse tiene connotaciones negativas en nuestra sociedad y normalmente se relaciona con derrota y debilidad. Sin embargo, rendirse en la esfera espiritual siempre se eslabona con victoria y éxito. Es el medio por el cual confesamos que Dios sabe qué es lo mejor para nosotros al rendir nuestros derechos a Él. Es la aceptación de su señorío. Cuando le digo a Jesús que realmente quiero su voluntad y sabiduría, me hago arcilla en la mano del alfarero, una oveja en sus pastos, dependo de Él en cuanto a guía y protección.

Un corazón rendido es también un corazón cernido. Yo permito que Dios cierna mis motivaciones. ¿De veras quiero honrar y glorificar a Cristo en este asunto, o busco exaltarme a mí mismo? «Todo camino del hombre es recto en su propia opinión; pero Jehová pesa los corazones» (Proverbios 21.2). El proceso de cernir filtra nuestros motivos egoístas o impuros. Comienzo a deleitarme en el Señor. Los deseos de mi corazón se conforman con sus planes.

En este punto estoy consciente de que necesito la ayuda del Espíritu Santo. Al igual que guió a Pablo en sus viajes misioneros mandándolo a aldeas y pueblos específicos, también nos guía y enseña hoy. Es nuestro guía divino y seguro que siempre nos dirige hacia las verdades de Dios. Podemos contar con su iluminación.

Una vez convencido de estar rendidos a Dios, de que mis motivos son rectos y de que he buscado la ayuda del Espíritu Santo, prosigo a dar el paso, en obediencia a la voluntad de Dios como yo la percibo. Él puede corregir o cambiar mi dirección en cualquier punto y «dondequiera que le plazca». Yo confío en Él con todo mi corazón y no descanso en mi entendimiento. Soy su hijo obediente. Dios es completamente responsable con los que se rinden a Él y sé que me ha cuidado y no me desamparará nunca.

Jesús, gracias porque deseas, más que yo, que sepa tu voluntad. Tú eres el Buen Pastor que guía su rebaño. Te veo como mi guía. Enséñame el camino que debo tomar.

Piedra de toque

Necesitamos un guía y tenemos el guía que necesitamos.

Dice el perezoso: El león está fuera; seré muerto en la calle.

Proverbios 22.13

Excusas, excusas

Cuando demoramos aquella llamada telefónica importante o postergamos los quehaceres necesarios de la casa, posponemos el examen médico, demoramos arreglar las diferencias con un amigo ofendido, o no invertimos tiempo en la Palabra con el Señor, cualquiera que sea nuestra excusa, la verdad es que estamos practicando el arte sutil de la postergación

Como el haragán de Proverbios, inventamos cualquier número de excusas para demorar las decisiones cruciales o posponer las tareas simples. Sin embargo, la postergación es una forma de esclavitud que nos cuesta más de lo que cualquiera desearía reconocer.

Algunos practicamos la postergación como un medio de evadir lo difícil. Nuestra meta no es sentirnos mal y firmemente evitamos cualquier cosa que tenga el potencial de generar ansiedad. No deseamos dejar nuestra zona de comodidad. Cuando el apóstol Pablo presentó el evangelio a Félix, un gobernador romano, «Félix se espantó, y dijo: Ahora vete; pero cuando tenga oportunidad te llamaré» (Hechos 24.25). Como Félix, tendemos a posponer aquellas circunstancias que nos hacen sentir incómodos.

También postergamos si nos sentimos incapaces o si tememos fracasar. Tal vez no logremos éxito. Podríamos equivocarnos y avergonzarnos; así que, ¿para qué intentarlo? Es mucho más fácil quedarse estacionado dentro de lo que pensamos que son nuestras capacidades que aventurarnos en empresas arriesgadas. Dudamos de nosotros mismos. Como resultado, las tareas importantes no se hacen; privamos a Dios de una vasija a través de la cual desea obrar. Experimentamos continuamente sentido de culpabilidad y nuestra crecimiento espiritual se atrofia.

Confesar tu problema es el primer paso a tomar, si Dios te va a librar de la esclavitud de la postergación. Confesar que presentas excusas innecesarias con tal de evitar ciertas personas o tareas. Una vez que reconozcas el problema, pide perdón de Dios. Él quiere que disfrutes una vida abundante y está dispuesto a ayudarte con cualquier problema que te impida experimentar su plenitud.

Entonces, por un acto de fe, elige vivir basado en quién eres en Cristo Jesús en vez de sentirte inadecuado o inseguro de ti mismo. Confía en que puedes hacerlo todo a través de Cristo que te fortalece para realizar cada tarea y te da fuerzas para cada desafío (Filipenses 4.13). Confía en el Señor con todo tu corazón. Él es tu suficiencia. Si fracasas sigue adelante y prueba otra vez. La verdad es que verás el éxito que jamás te imaginaste y descubrirás la realidad del poder capacitador de Dios. La esclavitud de la postergación se romperá; y podrás encarar cualquier situación sabiendo con seguridad que Dios está contigo, para ti y en ti. Tú no estás solo y Él no te dejará. Haz este tu lema: «Hazlo ahora».

Muéstrame cualquier área de mi vida donde pueda estar postergando y presentando excusas. Enséñame a confiar en ti y no mirar mis procedimientos inadecuados, sino tu provisión abundante. Gracias por fortalecerme para enfrentar cualquier desafío.

Piedra de toque

¡Hazlo ahora!

No te afanes por hacerte rico; sé prudente, y desiste.
Proverbios 23.4

Administración
del dinero

El dinero no es un asunto primordialmente financiero para el creyente. Es cierto que debemos vivir limitando el presupuesto y usando nuestro dinero sabiamente; pero para el creyente, el dinero es fundamentalmente un asunto espiritual. Lo que importa no es cómo vemos el dinero, sino cómo lo ve Dios. Cuando lo vemos desde su punto de vista, los principios espirituales y no las tendencias culturales gobiernan el manejo de nuestra finanzas.

La base para comprender el dinero desde un punto de vista espiritual es esta: Dios es el dueño de todo. Es Dios quien creó los cielos y la tierra. Es Dios quien creó la humanidad. Por derecho de creador Dios es el dueño exclusivo del universo y sus enormes riquezas. «Mía es la plata, y mío es el oro, dice Jehová de los ejércitos» (Hageo 2.8). Dios nos da salud, sabiduría, vida y fuerzas para ganar dinero. Aunque podemos mejorar nuestras habilidades a través de la educación, Dios nos ofrece todas las materias primas para acumular entradas. El dinero no es malo. Los bienes no son pecaminosos. Pero ya sea que tengamos que trabajar para obtenerlo, invertirlo, ahorrarlo o regalarlo, todos nuestros bienes pertenecen al Señor Jesucristo.

Esto coloca el asunto de nuestras finanzas en una perspectiva completamente nueva. Si Dios es el dueño exclusivo de todos los bienes, nuestra responsabilidad es simplemente manejar lo que Él nos confía. Somos mayordomos de sus riquezas. Nuestro sueldo, nuestras inversiones, nuestra cuenta bancaria, pequeña o grande, son para administrarlos bajo la guía de los principios bíblicos prácticos.

La palabra de Dios nos dice que los malos administradores de un poco de dinero serán malos administradores de mucho dinero. Si somos fieles usando nuestros tesoros presentes responsable y obedientemente, Dios nos confiará más dinero. Administrar fielmente sus finanzas significa evitar la trampa mundanal de competir con otros. Quiere decir que debes estar contento con lo que Dios te ofrece y concentrarte en la ganancia real que es el producto de ser ricos en las buenas obras. Quiere decir que ofrendar a Dios por lo menos la décima parte de tus entradas ha de ser una prioridad, no una opción. Quiere decir que harás todo lo posible por evitar la trampa de la deuda y su esclavitud. Hay centenares de versículos que muestran el punto de vista de Dios respecto al dinero y que revolucionarán la forma en que manejas tus finanzas.

El dinero no satisface completamente. No se hizo para que fuera un ídolo, sino simplemente un medio de intercambio. No es algo en que podemos confiar. Al contrario, nuestra confianza se coloca enteramente en Dios, quien suple todas nuestras necesidades de acuerdo a sus riquezas en gloria.

Evaluar el dinero desde el punto de vista de Dios nos evitará desperdiciar nuestro tiempo y talento corriendo implacablemente tras las riquezas. Nos guiará a buscar la mente y sabiduría de Dios y disfrutar la superabundancia de vivir en sus principios inmutables y provechosos.

Decido seguirte a ti Señor, no a las riquezas. Ya que eres el dueño de todo me darás lo que necesito según dependo de ti. Deja que mis finanzas sean ordenadas por ti y no por mis impulsos. Espero con ansias la libertad que me darás en esto a medida que te obedezco.

Piedra de toque

Dios es dueño de todo.

Con sabiduría se edificará la casa, y con prudencia se afirmará; y con ciencia se llenarán las cámaras de todo bien preciado y agradable.

Proverbios 24.3-4

∞§§∞

La casa edificada sobre la roca

El hogar es el invernadero donde se cultiva la sabiduría divina. El poder de la vida cristiana perseverante, dentro del contexto de las relaciones familiares, es la principal escuela espiritual del cristianismo auténtico. El hogar es donde la mayoría de los rasgos del comportamiento, bueno y malo, se aprende, refuerza y pasa a las futuras generaciones.

La sabiduría de Dios llena el hogar cuando la aceptación de cada miembro se practica fielmente. ¿Sabías que cada miembro de tu familia, salvo o no, es de gran estima para Dios? Todos los miembros de tu familia fueron creados por Él y le son de muy grande estima. Tú eres inestimable a sus ojos y desea que todos le conozcan. ¿Aceptas a tu cónyuge, a tus hijos, a tus suegros, a tus nietos tal como son o los amas sólo cuando cumplen con tus normas de conducta? Pablo escribió: «Por tanto, recibíos los unos a los otros, como también Cristo nos recibió, para gloria de Dios» (Romanos 15.7). ¿Cómo te acepta Cristo? Incondicionalmente. ¿Cómo debes aceptar a los miembros de tu familia? De la misma forma.

Paralela a la aceptación está la responsabilidad que tenemos ante Dios. Los padres tienen que establecer límites amorosos a sus hijos, pero al final cada miembro de la familia tiene que rendir cuentas a Dios por sus acciones. Comprender y aplicar esta verdad conduce a los niños a querer conocer la opinión de Dios y a aprender que su tarea primaria es obedecerle. Entonces, obedecer a mamá y papá simplemente llega a ser una expresión del deseo de agradar y seguir a Dios. Esposo y esposa se libran de la esclavitud de sus deseos egoístas para correctamente estimarse el uno al otro.

Un hogar también se llena de riquezas espirituales fragantes y atractivas cuando cada miembro de la familia adopta un espíritu de siervo. La mayoría de las discusiones y disensiones familiares son el resultado de no ceder derechos personales. Una persona que se llena del espíritu de Cristo ardientemente desea servir. No busca establecer su dominio emocional de los demás, sino edifica libremente y anima a los demás miembros de la familia a través de su espíritu de siervo.

Practica estas disciplinas espirituales en tu hogar. Acepta a los demás miembros de la familia tal como son y deja que Dios los cambie de acuerdo al plan que Él tiene para sus vidas. Sé responsable ante Dios y obedécele. Sírvanse los unos a los otros gozosamente. Y a medida que lo hagas tu hogar se convertirá en un muestrario divino de la sabiduría dulce y perdurable de Dios.

Señor, cuánto quiero que tu paz y amor llenen mi hogar. Comprendo que debo aceptar a los demás y dejarte a ti cambiarlos. Perdóname cualquier egoísmo y muéstrame maneras prácticas para que tu amor pueda fluir hacia mi familia a través de mi persona. Gracias.

Piedra de toque

*Llena tu hogar con los tesoros
de la sabiduría.*

Como ciudad derribada y sin muro es el hombre cuyo espíritu no tiene rienda.

Proverbios 25.28

En control de tus pensamientos

En las antiguas civilizaciones la primera defensa de las ciudades eran unas enormes e imponentes murallas. Una vez derribadas las murallas, el agresor tenía garantizada la victoria. Las Escrituras comparan a la persona sin autocontrol con una ciudad asolada. Está a la merced de fuerzas externas, sujeta a ideas contradictorias. Está abatida por turbulentas emociones y pasiones. Su vida es inestable y sólo es fructífera de vez en cuando. La clave para desarrollar el autocontrol con un énfasis espiritual no es más autodeterminación. No es redoblar los esfuerzos o manejar mejor el tiempo. La disciplina fundamental para ganar el autocontrol espiritual es la renovación de la mente. Como las antiguas murallas, la mente es el mecanismo crucial de la defensa. Si la derriban los pensamientos negativos, críticos e indisciplinados, nuestro comportamiento y toda nuestra personalidad se afectan adversamente. Actuamos como nos percibimos y como pensamos. Nuestras acciones están en conformidad con nuestro pensar. Pensar correctamente es el primer paso hacia una vida correcta.

Renovamos nuestras mentes y exhibimos los frutos espirituales de autocontrol y otras características bíblicas cuando primero comprendemos nuestra posición en Cristo. Nuestra posición en Cristo es nuestra relación con Él. Hemos sido crucificados con Él. Hemos sido sepultados con Él y resucitados con Él. Y ahora estamos sentados con Él en los lugares celestiales. Y Él está viviendo dentro de nosotros a través del Espíritu Santo.

Podemos controlar nuestros pensamientos, y por consecuencia nuestro comportamiento, a través del conocimiento de nuestra identidad en Cristo. Somos nuevas criaturas, santos y sin mancha en Él. Cuando Satanás asalta las murallas de nuestra mente con tentaciones atractivas, no tenemos que ceder, debido a quiénes somos en Cristo. Él es la fuente de nuestra fuerza y nuestra vida.

Puesto que Cristo está ahora en tu vida y tú en Él, tiene buen sentido «Poned la mira [mente] en las cosas de arriba, no en las de la tierra» (Colosenses 3.2). Nuestro pensamiento va de acuerdo con nuestra posición con Cristo. Nos concentramos en las cosas que son verdad, rectas, puras, nobles, bellas, admirables, dignas de alabanza y excelentes (Filipenses 4.8). Vemos las cosas desde el punto de vista de Dios.

«¿Cómo puedo lograrlo?» te preguntarás. Pues bien, cuando yo era joven las personas compraban muchas cosas por catálogo. Jamás habían visto la mercancía excepto en la ilustración del catálogo. Las Escrituras son nuestro catálogo. Sabemos qué es fijar nuestras mentes en las cosas celestiales porque la Palabra de Dios nos revela su pensamiento.

¿Significa esto que descuidamos nuestras responsabilidades terrenales? Claro que no. Sin embargo, buscamos primeramente el reino de Dios, permitiendo que sus prioridades y comportamiento saturen nuestro pensar. Reconocemos que en primer lugar estamos aquí para glorificarle y mientras lo hagamos Él promete cuidar de nuestras necesidades diarias guiándonos a un camino más íntimo con Él a medida que realizamos las tareas cotidianas.

El fruto espiritual del autocontrol se produce a medida que el Espíritu Santo obra con poder para renovar nuestras mentes. Es entonces que nuestro comportamiento se transforma.

Señor, comprendo que mi mente es un campo de batalla. Sólo a medida que tú renueves mi mente, podré ganar la guerra. No permitas que los sentimientos me desvien, y recuérdame continuamente quién soy en ti.

Piedra de toque

*Tus acciones se determinan
según te percibas.*

El carbón para brasas, y la leña para el fuego; y el hombre rencilloso para encender contienda.

Proverbios 26.21

Un espíritu apacible

El hombre ama lo que Dios ama y odia lo que Dios odia. Aunque Dios odia todo pecado, detesta tremendamente la maldad de propagar «discordia entre hermanos» (Proverbios 6.19). Dios se opone a toda forma de riña y pleito. Son males que promueven hostilidad y enojo. La cura para el pleito es un espíritu apacible. Un espíritu apacible ni es femenino ni es masculino. Es un espíritu dado desde arriba que satura nuestros corazones a través de la actividad sobrenatural del Espíritu Santo. Es un adorno interno que debe caracterizar a cada seguidor de Jesucristo, quien se describió como «manso y humilde de corazón» (Mateo 11.29).

Una persona apacible es un pacificador. No quiere paz a cualquier costo, pero no hace nada para ofender indebidamente o estorbar a otro. Habla con firmeza y confiadamente, pero no con arrogancia. Aprecia el valor de los demás como hechuras de Dios. Sus acciones y palabras revelan su gentileza: «La blanda respuesta quita la ira; mas la palabra áspera hace subir el furor» (Proverbios 15.1).

Una persona apacible, en casi todas las relaciones, es una herramienta efectiva en la mano de Cristo. El esposo apacible demuestra el amor de Dios a su cónyuge. El obrero apacible demuestra la realidad de la compasión de Cristo en el taller de trabajo frío y áspero. Aunque otros agresivamente ataquen nuestra fe en Dios, debemos responder claramente, pero con «mansedumbre y reverencia» (1 Pedro 3.15). Un espíritu piadoso y apacible es un testimonio visible del carácter de Dios al creyente y al no creyente por igual.

¿No es interesante que cuando Dios habló al profeta Elías en el Antiguo Testamento su voz no fue dramáticamente alta? No se reveló en el viento poderoso ni en el potente terremoto, sino en el «silbo apacible y delicado» (1 Reyes 19.12). Dios desea que nosotros también hablemos con voz apacible.

Pídele a Cristo que diariamente te llene con el Espíritu Santo. Descansa en Él. Permanece en Él. La sabia divina del espíritu apacible de Dios fluirá a través de ti a otros que desesperadamente necesitan el toque sanador de Dios. Evitarás pleitos. No estarás obsesionado con tus propios intereses. Serás un testigo atractivo para Cristo que siembra la semilla de paz por dondequiera que va. Qué maravillosa cosecha recogerá.

Señor, tu gentileza fue muy evidente mientras ministrabas en la tierra. Fue bondadosa con todos los que buscaban tu ayuda. A través de tu espíritu implanta en mí tu gentileza. Guárdame de la discención y haz que sea pacificador.

Piedra de toque

Cristo en ti es el apacible cordero de Dios.

El crisol prueba la plata, y la hornaza el oro, y al hombre la boca del que lo alaba.

Proverbios 27.21

La prueba del éxito

E l éxito, al igual que la adversidad, puede ser terreno de prueba espiritual. Muchos que soportan la oscuridad de las pruebas fracasan en la luz del éxito. Dios se vale de nuestras respuesta a las alabanzas de otros para revelar y dar a conocer la inclinación de nuestro corazón.

Para manejar bien el éxito hay que comenzar con un correcto concepto de nosotros mismos. Dios es fuente de todos nuestros talentos y energías. La gloria es suya, pero somos sus instrumentos y obra de sus manos. Cuando nuestros hechos ganan la aprobación de otros, podemos ser afables y agradecidos. No hay necesidad de mostrar una humildad falsa.

El apóstol Pablo lo dijo así: «Digo, pues, por la gracia que me es dada, a cada cual que está entre vosotros, que no tenga más alto concepto de sí que el que debe tener, sino que piense de sí con cordura, conforme a la medida de fe que Dios repartió a cada uno» (Romanos 12.3). No somos gusanos. No somos tontos. Dios nos ha dado una mente sana y nos ha capacitado para honrarle en nuestras tareas asignadas. Podemos recibir humildemente el aprecio de los demás sin dejar de reconocer a Dios.

Pablo comprendía la tensión que la alabanza personal puede traer. Cuando Dios usó a Pablo para sanar a un cojo el pueblo comenzó a adorarle. Sin embargo, Pablo les señaló al Dios verdadero. En Corintios, Pablo apagó otro fuego de la adulación a su persona cuando descubrió que algunos de los corintos le seguían en vez de seguir a Cristo.

El sutil atractivo del éxito es siempre engrandecer nuestra autoestima y magnificar nuestra importancia. Observa que dije «engrandecer» y «magnificar». Una persona con una autoestima apropiada se autovalora correctamente como hechura de Dios, pero comprende el tremendo poder y majestad de su Hacedor.

Cualquier alabanza que recibe sirve sólo para estimular su adoración de tan magnífico Padre.

Cuando otros te reconozcan públicamente recibe su aprecio y entonces, privadamente, toma unos momentos para darle gracias a nuestro Padre Celestial. Esto es lo que hacía Jesús. Después que hizo algunos de sus milagros y que las multitudes se reunieron, se retiró para pasar un tiempo de comunión en privado con el Padre Celestial.

Asegúrate de no alabarte ni exaltarte a ti mismo. «Alábete el extraño, y no tu propia boca; el ajeno, y no los labios tuyos» Proverbios 27.2. Acepta las felicitaciones de los demás, dando la gloria a Dios y manteniendo tus ojos en tu fuente, Jesucristo, y pasarás la prueba del éxito.

Padre Celestial, disfruto el éxito, pero no dejes que me aparte de ti. Manténme bien enfocado para que cuando otros me alaben pueda recibir esa aprobación sin aumentar mi ego. Manténme cerca de ti, alerta a los peligros del éxito.

Piedra de toque

Busca agradar a Dios y la alabanza de los demás se mantendrá en una perspectiva apropiada.

El justo está confiado como un león.

Proverbios 28.1

Gana confianza

¿Eres un cristiano confiado? ¿Se caracteriza tu relación con Cristo Jesús por el desarrollo de tu audacia, o eres inseguro y tímido? Si bien el creyente debe caminar humildemente ante Dios, también debe expresar una gran confianza en su gran Dios.

Podemos confiar en los propósitos de Dios. Su propósito es conformarnos a la imagen de su Hijo Jesucristo; y Él logrará ese objetivo. Podemos estar «persuadidos de esto, que el que comenzó en vosotros la buena obra, la perfeccionará hasta el día de Jesucristo» (Filipenses 1.6). Según cooperamos en la tierra con el Padre, nos vamos transformando a su imagen. Lo que consuela es que Él hace esto por su Espíritu y por su gracia. No nos deja abandonados a nuestro medios ni habilidades. En la gloria se terminará este trabajo, porque Dios siempre termina lo que empieza.

Confiadamente podemos presentarle nuestras peticiones al Padre. Debemos venir audazmente a la presencia de Dios y una vez allí presentar nuestras necesidades y cargas. Él promete que nos oirá y contestará de acuerdo a su amor y sabiduría. La sangre derramada de Cristo Jesús preparó nuestro camino hasta el trono de Dios. No tenemos que temer porque Él es nuestro amigo. No tenemos que sentirnos culpables, porque todos nuestros pecados han sido perdonados. Venimos a un trono de misericordia y gracia. Cuando pedimos de acuerdo a su voluntad, Él nos asegura que a su tiempo recibiremos su respuesta de gracia: «Y esta es la confianza que tenemos en él, que si pedimos alguna cosa conforme a su voluntad, él nos oye. Y si sabemos que él nos oye *en cualquiera cosa que pidamos*, sabemos que tenemos las peticiones que le hayamos hecho» (1 Juan 5.14-15).

También confiamos en las promesas de Dios. La Palabra de Dios es viva y poderosa. Pedro escribió que Dios «nos ha dado preciosas y grandísimas promesas, para que por ellas llegaseis a ser participantes de la naturaleza divina, habiendo huido de la corrupción que hay en el mundo a causa de la concupiscencia» (2 Pedro 1.4). Las Escrituras son palabras muy personales de Dios para ti. Puedes contar con las promesas de Dios. Él cumplirá su Palabra a su manera, a su tiempo; Él siempre cumple sus promesas. Si pones tu fe en la verdad de las Escrituras, nunca te sentirás defraudado. Cada vez que confías en su Palabra experimentarás la realidad de su verdad.

Si te falta confianza, medita en estas verdades. Alentarán, sostendrán y fortalecerán tu ser interior. Te subirán en alas de águilas y enfrentarás la vida con plena confianza en la increíble bondad de Dios.

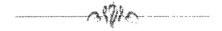

Señor, mi fe se eleva cuando veo tu grandeza. Siempre contestas mis peticiones y siempre obras en mí. Vuelve mi ojos a ti para que enfrente la vida con la audacia que tú me brindas. Soy débil, pero tú eres fuerte. Descanso en tu fortaleza.

Piedra de toque

*Mientras más magnifiquemos
a Dios, más pequeños
parecerán nuestros problemas.*

El temor del hombre pondrá lazo; mas el que confía en Jehová será exaltado.

Proverbios 29.25

Derribemos fortalezas

Los temores son grandes fortalezas del enemigo en el corazón de muchos cristianos. Hablo con personas que le tienen miedo a tantas cosas: miedo a perder el control, miedo al futuro, miedo a otras personas. Algunos viven en un estado constante de preocupación.

El antídoto del temor es enfocar la fe en la persona de Cristo Jesús. Mientras estemos meditando en asuntos preocupantes, dándoles vueltas en nuestras mentes, seguiremos trastornados emocionalmente. Sin embargo, nuestros temores disminuirán gradualmente cuando decidamos y esto es un acto de voluntad, enfocarnos en Cristo Jesús.

Quizás te parezca demasiado fácil. No quiero tomar tus temores a la ligera, porque son muy reales. Pero quiero invitarte a confiar en Cristo Jesús. Es realmente la única forma de poner tus temores en perspectiva y derribar la fortaleza de la ansiedad.

Puedes superar tus temores porque Dios conoce tus circunstancias. Él ni falta ni está distante. Está en ti, así que está intensamente consciente de los factores que te generan los temores. La paz puede empezar a reemplazar los temores cuando reconozcas que el Dios de la gloria y de la tierra está íntimamente avisado de tus necesidades y problemas.

Es consolador entender que Dios conoce nuestros temores, pero es aún más consolador saber que le interesan. Jesucristo es tu pastor y se preocupa por su rebaño. Noche y día trabaja para administrarte su amor, gracia, misericordia y ayuda. Él te ama. Se deleita en ti. A tal punto quiere hacerte partícipe de su vida que vino a la tierra y murió en tu lugar. A ese extremo llega su preocupación por ti. Él no escatimó nada para ayudarte. No te negará nada que te beneficie.

No sólo Dios sabe de tus temores y se preocupa por tu bienestar, sino que también tiene el poder de obrar cambios. Dios lo controla todo. No hay situación que no pueda manejar.

No hay circunstancias que produzcan temores que no pueda cambiar para favorecerte. El poder de Dios está dispuesto a ayudarte. Nada hay demasiado difícil para Él. Dios lo sabe. Dios se interesa. Dios lo puede cambiar. Pon toda tu confianza en Cristo Jesús. Cuéntale tus temores y entonces escoge colocar tu enfoque y fe en las manos cariñosas del Dios amoroso.

Señor, coloco mis temores en tus manos. Puedo confiar en ti completamente porque tú tienes el control de mi vida y me amas mucho. Gracias por preocuparte tiernamente por mí. Confío en que te ocuparás de mis temores.

Piedra de toque

Quita los temores
poniendo el enfoque
de tu fe
en Cristo Jesús.

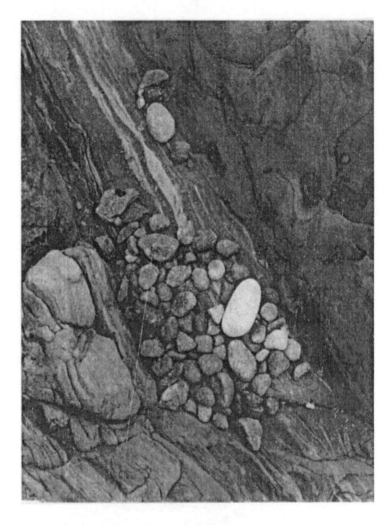

Las hormigas, pueblo no fuerte,
y en el verano preparan su comida

Proverbios 30.25

¿Para qué vives?

He observado que los que tienen el tiempo y los recursos limitados logran hacer mucho más que otros que disponen de talentos mucho mayores. En la mayoría de los casos, la clave de sus logros es el planeamiento diligente. Planear es simplemente hacer los preparativos hoy para las oportunidades de mañana. Es obvio, leyendo el Nuevo Testamento, que el apóstol Pablo tenía un plan claro para propagar el evangelio. Visitó las ciudades principales de las varias provincias, sabiendo que la influencia del evangelio iría a otras comunidades. También es evidente que Dios tenía un plan de salvación, y dicho plan fue mandar a su Hijo a morir por nuestros pecados. Concibió este plan aun antes de la creación del universo.

La clave para el buen planeamiento es fijar buenas metas. Las metas son objetivos claramente entendidos que fijamos y escribimos después de pensar y orar cuidadosamente. Las únicas metas que rinden ganancias verdaderas son las que fijamos luego de pedirle a Dios que escudriñe nuestros corazones en busca de cualquier motivo impropio y luego de rendirnos a su voluntad. Una vez que hagamos esto, podemos establecer metas mensurables, sinceras, razonables y claras. Pregúntese: «¿Puedo sinceramente pedir la ayuda de Dios en mi lucha por alcanzar esta meta?» «¿Ayudaría a otra persona a alcanzar su meta?» «¿Violaría mi conciencia?» «¿Estaría dispuesto a pagar el precio para alcanzarla?»

Este proceso se facilita si divides las metas en los varios sectores de tu vida: espiritual, familiar, vocacional y social. Escribe tantas metas como creas necesario. Pídele a Dios discernimiento para saber cuáles no están de acuerdo a su voluntad. Sé flexible y repasa tus metas de vez en cuando, ajustándolas según Dios te guíe. Encontrarás que algunas metas no son lo suficientemente altas en algunas áreas de tu vida, mientras que en otras áreas son demasiado altas.

Hace muchos años mi esposa y yo pasamos una semana fijando metas para nuestras vidas personales, la familia y el ministerio. Sinceramente puedo decir que esta semana fue una de las más importantes de mi vida. Dios me dio un pequeño vistazo de lo que nuestro futuro brindaría si confiábamos y seguíamos el plan que nos estaba dando. He visto a Dios hacer cumplir muchas de esas metas antes de lo esperado y en formas muy notables. Más importante aún, mi fe en Dios ha crecido enormemente. Ahora comprendo con mayor nitidez cuán grande es el Dios que servimos.

A medida que oras y planeas, fijando metas bajo el liderazgo de Dios, tu fe también crecerá, y Dios te usará al máximo de tu potencial.

Señor, quiero cumplir con tu voluntad. Comprendo que fijar metas es una forma realista de lograr tus propósitos. Decido apartar tiempo para orar y pensar en tus objetivos para mi vida. Confío en ti para que me ayudes a alcanzar por completo mi potencial.

Piedra de toque

Fija tus metas y vive por fe.

Engañosa es la gracia, y vana la hermosura; la mujer que teme a Jehová, esa será alabada.

Proverbios 31.30

Una mujer virtuosa

La mujer piadosa es un gran tesoro. Es un don del Señor que se debe recibir y tratar con gran dignidad. La descripción de la mujer virtuosa del capítulo 31 de Proverbios es una de las más bellas descripciones de la mujer en toda la literatura. El aspecto más importante de la mujer virtuosa es su carácter: «Mujer virtuosa, ¿quién la hallará?» (Proverbios 31.10). Nuestra cultura se concentra en la apariencia física. Tenemos más interés en cómo luce o se viste que en la clase de persona que realmente es. La Biblia enseña una evaluación muy diferente para valorar la mujer. Es la belleza interior de la mujer piadosa lo que le da tanto valor.

Su carácter se muestra más vívidamente en el cuidado de su familia. Es diligente y económica al suplir las necesidades de su esposo e hijos. Estas provisiones son la motivación de su trabajo, ya sea en el hogar o en el trabajo. Su hablar también revela su valor. La comunicación con su esposo, niños y amigos anima e instruye. Reconoce la importancia de las palabras bien escogidas y de su influencia en la familia.

Ella es de vital importancia para el éxito de la familia. Su esposo debe estar completamente consciente de esto, y tratar de comprender sus necesidades y satisfacerlas apropiadamente. La debe tratar como de igual valor espiritual que él. Debe amarla como Cristo amó la iglesia: incondicionalmente, sacrificialmente y de todo corazón. La relación entre los esposos es tan crucial que las oraciones del marido a Dios pueden verse estorbadas si él la trata injustamente. ¿Pudiera algo proclamar con más nitidez ante Dios el valor de ella?

Sus hijos la deben respetar y apreciar los muchos sacrificios que hace a favor de ellos. Su obediencia a ella es demostración de su importancia y reconocimiento de su sabiduría espiritual.

Un hogar, una comunidad, una nación no puede funcionar ante Dios sin los esfuerzos de una mujer virtuosa. Ella es un templo único del Espíritu Santo y refleja el carácter de Dios en una forma sin rival. «Dadle del fruto de sus manos, y alábenla en las puertas sus hechos» (Proverbios 31.31). Exprésale tu aprecio con alabanzas verbales y hechos amorosos.

La mujer virtuosa es un tesoro que debe adornar cada hogar cristiano.

Padre, gracias por hacernos a cada uno de nosotros tan especial. Haz hecho a la mujer para ser querida, cuidada y atesorada. Gracias por el ejemplo en las Escrituras de mujeres piadosas que demostraron su carácter.

Piedra de toque

*La mujer virtuosa
es un don celestial.*

CPSIA information can be obtained at www.ICGtesting.com
Printed in the USA
LVOW101116210812

295279LV00006B/7/P